Abrégé de la musique

René Descartes

Édition : BoD · Books on Demand, 31 avenue Saint-Rémy,
57600 Forbach, bod@bod.fr
Impression : Libri Plureos GmbH, Friedensallee 273,
22763 Hamburg (Allemagne)
ISBN : 978-2-3225-5670-0
Dépôt légal : Mars 2025

ABRÉGÉ

DE LA MUSIQUE.

Descartes composa ce Traité en 1618, pendant son séjour à Bréda, n'ayant que 22 ans. Il n'a été imprimé qu'après sa mort : *Compendium musicæ*, Ultrajecti (1650), in-4° ; et Amstelodami (1656), in-4°. Il existe une traduction anglaise de cet ouvrage, publiée à Londres (1653). Le Père Poisson, de l'Oratoire, l'a aussi mis en français, et sa traduction a été imprimée avec des éclaircissements à la suite de la *Mécanique*, Paris (1668), in-4°. Réimprimée in-12 (1724) avec *la Méthode, la Dioptrique, les Météores* et *la Mécanique*, 2 volumes.

L'OBJET DE LA MUSIQUE EST LE SON.

Sa fin est de plaire et d'exciter en nous diverses passions ; car il est certain qu'on peut composer des airs qui seront tout ensemble tristes et agréables ; et il ne faut pas trouver étrange que la musique soit capable de si différents effets, puisque les élégies même et les tragédies nous plaisent d'autant plus que plus elles excitent en nous de compassion et de douleur et qu'elles nous touchent davantage.

Les moyens pour cette fin, c'est-à-dire les propriétés du son les plus remarquables, sont deux : savoir, ses différences considérées par rapport au temps ou à la durée, et par rapport à la force ou à l'intensité du son considéré en tant que grave ou aigu ; car, quant à la nature et à la qualité du son, savoir de quels corps et de quels moyens on se doit servir pour le rendre plus agréable, cela regarde les physiciens.

Et il semble que ce qui fait que la voix de l'homme nous agrée plus que les autres, c'est seulement parce qu'elle est plus conforme à la nature de nos esprits ; c'est peut-être aussi cette sympathie ou antipathie d'humeur et d'inclination qui fait que la voix d'un ami nous semble plus agréable que celle d'un ennemi, par la même raison qu'on dit qu'un tambour couvert d'une peau de brebis ne résonne point et perd entièrement son *son* lorsque l'on frappe sur un autre tambour couvert d'une peau de loup.

CHOSES À REMARQUER.

Remarquez premièrement que tous les sens sont capables de quelque plaisir.

Secondement, que ce plaisir des sens consiste en une certaine proportion et correspondance de l'objet avec le sens ; d'où vient par exemple qu'une décharge de mousqueterie ou que le bruit du tonnerre seroit un son peu propre pour la musique, d'autant qu'il blesserait l'oreille, de même que l'éclat brillant des rayons du soleil blesse les yeux de celui qui le regarde directement.

Troisièmement, cet objet pour plaire doit être de telle façon qu'il ne paroisse pas confus au sens, qui ne doit pas travailler pour le connoître et le distinguer. De là vient qu'une figure, si régulière soit-elle, n'est pas agréable à la vue lorsqu'elle est embarrassée de plusieurs traits, comme est cette partie de l'astrolabe qu'on appelle *la mère* ; au lieu qu'une figure comme pourroit être l'araignée du même astrolabe, dont les parties sont plus égales et observent plus de symétrie, gêne moins l'œil qui le regarde ; dont la raison est que le sens se satisfait bien davantage en ce dernier objet qu'en l'autre, où il y a un amas de parties qu'il ne peut apercevoir assez distinctement.

En quatrième lieu, cet objet est plus aisément aperçu par les sens dont les parties sont moins différentes entre elles.

En cinquième lieu, ces parties-là ont moins de différence entre elles entre lesquelles il y a plus de proportion.

En sixième lieu, cette proportion doit être arithmétique et non pas géométrique, d'autant qu'en celle-là il y a moins de choses à considérer, les différences étant partout égales ; et ainsi le sens ne travaille pas tant pour connoître distinctement et en détail tout ce qui s'y rencontre. Comme la proportion des lignes 2, 3, 4 (fig. 1) est plus aisément connue que celle des lignes 2, $\sqrt{8}$, 4 (fig. 2), d'autant qu'en la première figure il ne faut considérer que l'unité dont une ligne excède l'autre, au lieu qu'en la deuxième figure il faut connoître aussi les parties AB et BC qui, étant incommensurables, ne peuvent à mon avis être parfaitement connues en même temps par le sens, mais seulement par rapport à la proportion arithmétique, en sorte qu'il connoisse par exemple deux parties en AB, dont il y en a trois en BC.

En septième lieu, entre les objets de chaque sens, celui-là n'est pas le plus agréable à l'âme qui en est ou très aisément ou très difficilement aperçu, mais celui qui n'est pas tellement facile à connoître qu'il ne laisse quelque chose à souhaiter à la passion avec laquelle les sens ont accoutumé de se porter vers leurs objets, ni aussi tellement difficile qu'il fasse souffrir les sens en travaillant à le connoître.

Enfin, il faut remarquer que la variété est très agréable en toutes choses, ce qui étant posé, parlons de la première propriété du son, savoir :

DU NOMBRE ET DU TEMPS QU'ON DOIT OBSERVER DANS LES SONS.

Le temps dans les sons doit être composé ou de parties égales, parce que ce sont elles qui, comme nous avons remarqué au quatrième lieu, sont les plus aisées à connoître ; ou de parties qui soient en proportion double ou triple sans aller au-delà, d'autant qu'elles sont les plus propres pour être entendues distinctement, comme nous avons dit en la cinquième et sixième remarque. Or si les mesures étoient plus inégales, l'oreille ne pourroit qu'avec peine et grande application connoître leurs différences, ainsi que l'expérience nous enseigne ; car si je voulais mettre cinq notes égales en valeur contre une seule, on ne pourrait la chanter qu'avec difficulté.

Mais vous direz peut-être qu'on en peut mettre quatre ou même huit contre une : donc, etc… À quoi je réponds que ces nombres ne sont pas nombres premiers entre eux, et partant ne produisent pas de nouvelles proportions, mais seulement multiplient la raison double ; ce qu'on peut aisément connoître, parce qu'on ne s'en peut servir, sinon étant prises deux à deux. Car je ne puis me servir de ces notes seules A (fig. 3) dont la seconde n'est que le quart de la première, mais bien de celles-ci B, où les deux dernières font la moitié de la première. Ainsi la proportion de l'un à l'autre est seulement la double multipliée.

De ces deux sortes de proportions dans le temps sont venues les deux mesures qui sont en usage dans la musique, savoir, par la division en trois temps, et celle qui se fait en deux temps. Or cette division est marquée par un mouvement de la main, qu'on appelle batterie, qui se fait pour soulager notre imagination, et par laquelle on peut connaître plus aisément tous les membres d'une pièce ou chanson, et se divertir en contemplant les proportions qui s'y rencontrent.

Or cette proportion est souvent gardée avec tant d'exactitude dans les membres d'une chanson, qu'entendant encore la fin d'un temps, nous nous ressouvenons par son moyen du commencement et de la suite de la même chanson ; ce qui arrive ordinairement si toute la chanson est composée de 8, 16, 32 ou 64 membres et davantage, pourvu que toutes les divisions augmentent en proportion double ; car alors ayant entendu les deux premiers membres, nous les concevons comme un seul ; ayant entendu le troisième, nous le joignons avec les deux premiers, en sorte que la proportion est triple : lorsque nous entendons le quatrième, nous le joignons au troisième, et de ces deux derniers nous n'en faisons qu'un ; puis, joignant les deux premiers aux deux derniers, on concevra ces quatre membres ensemble comme un seul, et c'est ainsi que notre imagination se conduit jusques à la fin, où elle se représente toute la chanson comme un corps entier composé de plusieurs membres.

Peu de personnes observent comment l'oreille s'aperçoit de cette mesure ou batterie, dans une musique composée de plusieurs voix et chantée en diminution. Or cela arrive, à mon avis, par une certaine élévation ou intensité de voix dans la musique vocale, ou par la force du pincement ou trait d'archet dans celle qu'on exprime sur des instruments et qui rend le son plus fort et plus distinct au commencement de chaque batterie, ce que les musiciens qui chantent ou ceux qui touchent les instruments savent naturellement remarquer, particulièrement dans les chansons aux mesures et branle desquelles nous avons coutume de danser et d'ajuster nos pas ; car c'est là principalement que cette règle s'observe, de distinguer exactement chaque mesure de musique par les gestes et les mouvements réglés de notre corps, à quoi il semble même que la musique nous porte naturellement. Car il est certain que le son a la force d'ébranler tous les corps d'alentour, comme on peut remarquer par le son des cloches un peu grosses, ou par le bruit du tonnerre, dont je laisse à chercher la raison aux physiciens ; mais ce fait étant très certain, selon l'aveu de tout le monde, et le son étant plus fort et plus distinctement aperçu au commencement de chaque mesure que dans la suite, ainsi que nous avons dit ci-dessus, il faut aussi demeurer d'accord qu'il ébranle et meut plus fortement nos esprits animaux, ce qui excite tout le corps et le rend disposé à se mouvoir. D'où il est évident que des bêtes pourroient danser avec mesure, si on les y instruisoit, ou si on les y accoutumoit de longue main, parce qu'il n'est besoin pour cela que d'un effort et mouvement naturel.

Pour ce qui regarde les différentes passions que la musique peut exciter en nous par la seule variété des mesures, je dis en général qu'une mesure lente produit en nous des passions lentes, telles que peuvent être la langueur, la tristesse, la crainte et l'orgueil, etc. ; et que la mesure prompte, au contraire, fait naître des passions promptes et plus vives, comme est la gaieté et la joie, etc.

Il faut dire la même chose de deux manières de battre la mesure, que celle qui est carrée ou qui se résout toujours en parties égales est plus lente et moins vive que celle qu'on bat en triplât, ou qui est composée de trois temps ; dont la raison est que celle-ci arrête et tient le sens plus attentif, d'autant qu'elle renferme plus de choses à observer, à savoir trois membres, y au lieu qu'en celle-là il n'y en a que deux. Mais une recherche plus exacte de cette matière suppose aussi une connoissance plus profonde des passions de l'âme, ainsi je n'en dirai pas davantage.

Je ne puis néanmoins oublier que la mesure a tant de puissance et de force dans la musique, qu'elle seule est capable de faire sentir à l'oreille quelque plaisir, comme l'expérience le fait voir en un tambour qu'on touche pour régler la marche ou avertir les gens de guerre ; car toute son harmonie consiste en la mesure, qui peut être alors composée non seulement de deux ou de trois temps, mais aussi de cinq ou sept ou même davantage ; car l'oreille n'ayant alors à considérer que le temps, on peut se servir d'une plus grande diversité de mesure, afin de l'occuper et de l'entretenir davantage.

DE LA DIVERSITÉ DES SONS À L'ÉGARD DU GRAVE ET DE L'AIGU.

Cette diversité des sons peut être considérée en trois manières, ou dans les sons que divers corps produisent en même temps, ou dans ceux qui naissent successivement d'une même voix, ou dans les sons enfin que plusieurs voix ou instruments différents font entendre successivement.

La première manière a donné lieu aux consonances et accords, la seconde aux degrés, et la troisième aux dissonances qui approchent le plus des consonances ; tellement qu'il doit y avoir une moindre diversité de sons dans les accords que dans les degrés, parceque autrement cela travailleroit trop l'oreille, qui souffre plus à vouloir distinguer tous les sons qui se font ensemble que ceux qui ne se produisent que successivement et l'un après l'autre. Il faut aussi, par proportion, dire la même chose de la différence qu'ont les degrés avec ces dissonances qui se souffrent dans le rapport de plusieurs voix ou instruments.

DES CONSONNANCES.

Il faut premièrement remarquer que l'unisson n'est pas une consonance, d'autant qu'on n'y rencontre pas la condition nécessaire pour en faire une, savoir, la différence des sons à l'égard du grave et de l'aigu ; mais qu'il a même rapport aux consonances que l'unité aux nombres.

Secondement, des deux termes qu'on suppose dans la consonance, celui qui est le plus grave domine bien davantage, et contient l'autre en quelque façon.

Comme on peut voir dans les cordes de luth, car si on en pince une, celles qui sont plus élevées qu'elle d'une octave où d'une quinte tremblent et résonnent d'elles-mêmes.

Or celles qui sont plus basses n'en font pas de même, du moins n'observe-t-on point qu'elles remuent en aucune façon, dont il semble que voici la raison : le son est au son comme la corde à la corde ; or chaque corde contient en soi toutes les autres cordes qui sont moindres qu'elle, et non pas celles qui sont plus grandes ; par conséquent aussi, dans chaque son, tous les aigus sont contenus dans le grave, mais non pas réciproquement tous les graves dans celui qui est aigu.

D'où il est évident que l'on doit chercher le terme plus aigu par la division du plus grave, laquelle division doit être arithmétique, c'est-à-dire en parties égales, ainsi que nous avons remarqué ci-dessus. Soit donc AB (*fig.* 4) le terme le plus grave ; si j'en veux trouver le terme le plus aigu, pour en former la première de toutes les consonnances, alors je le divise en deux (ce nombre étant le premier de tous), comme vous voyez qu'on a fait au point C, et alors AC, AB sont éloignées l'une de l'autre par la première des consonnances, qui est appelée octave ou diapason. Que si je veux avoir les autres consonnances qui suivent immédiatement la première, je divise AB en trois parties, et alors il n'en résultera pas seulement un terme aigu, mais deux, savoir AD et AE, d'où naîtront deux consonnances de même genre, savoir une douzième et une quinte. Je puis encore diviser la ligne AB en quatre ou en cinq ou en six parties, et non pas davantage, parceque la capacité des oreilles ne s'étend pas au·delà, et que leur délicatesse ou imbécillité est telle, qu'elles ne pourroient pas sans peine distinguer une plus grande différence de sons.

Où il faut remarquer qu'il ne résulte qu'une consonnance de la première division, deux de la seconde, trois de la troisième, et ainsi du reste, comme on peut voir en cette table (*fig.* 5), où toutes les consonnances ne sont pas encore comprises ; mais, afin que nous puissions trouver celles qui y manquent, il faut auparavant que nous traitions de l'octave.

DE L'OCTAVE.

De ce qui a été dit ci-dessus, il est manifeste que l'octave est la première de toutes les consonnances, et celle qui, après l'unisson, est la plus aisément aperçue par l'oreille ; cela se confirme par l'expérience des flûtes, qui, étant embouchées et remplies de vent plus qu'à l'ordinaire, passent d'un ton grave à un autre plus aigu d'une octave entière. Or il n'y a pas de raison pourquoi on passe tout d'un coup à l'octave, et non pas à la quinte et aux autres consonnances, sinon parceque l'octave est la première de toutes et qui diffère le moins de l'unisson ; d'où il suit, je pense, qu'on n'entend jamais aucun *son* que son octave en dessus ne me semble frapper les oreilles en quelque façon ; et de là vient aussi qu'au luth on ajoute des cordes menues et plus aiguës d'une octave aux grosses qui rendent un son plus grave, afin qu'étant touchées ensemble, on entende les grosses distinctement ; d'où il est manifeste qu'il est impossible qu'aucun son qui sera d'accord avec un des termes d'une octave puisse discorder avec l'autre terme de la même octave.

Il y a une autre chose à remarquer dans l'octave : savoir, qu'elle est la plus ample de toutes les consonnances, c'est-à-dire qu'elle les renferme toutes, ou bien qu'elle les compose étant jointe avec quelqu'une de celles qu'elle contient ; ce qu'on peut démontrer de cela seul que toutes les consonnances sont composées de parties égales, de façon que si leurs termes sont plus éloignés l'un de l'autre que d'une octave, je puis, sans diviser davantage le terme le plus grave, ajouter une octave au plus aigu, ce qui fera voir qu'il est composé de cette octave et de son reste. Comme si on divise AB (*fig.* 4) en trois parties égales dont AD, AB soient éloignées l'une de l'autre d'une douzième, je dis que cette douzième est composée d'une octave et de son reste, savoir la quinte. En effet, elle est composée de AD et AE qui est une octave, et de AE et AB qui sont une quinte, et ainsi des autres. C'est pourquoi, lorsque l'octave compose les autres consonnances, elle ne multiplie pas tant que les autres le nombre des proportions, étant la seule qui puisse être doublée. Car en effet, si on la double une fois, elle produit seulement 4 ; si c'est deux fois, elle produit 8 ; mais si on double une quinte, qui est la première consonnance après l'octave, elle donne 9 ; car il y a une quinte de 4 à 6, et de même de 6 à 9, lequel nombre est beaucoup plus grand que 4, et excède l'ordre ou la suite des six premiers nombres dans lesquels nous avons ci-dessus renfermé toutes les consonnances.

De toutes ces choses il s'ensuit que toutes les consonnances se doivent réduire à trois espèces : la première est simple, l'autre est composée d'une simple et d'une octave, et la troisième est composée d'une simple et de deux octaves. Et on n'ajoute pas à ces trois une autre espèce de consonnance qui soit composée de trois octaves et d'une consonnance simple, d'autant que ce sont les bornes où notre faculté peut aller, qui ne peut s'étendre au-delà de trois octaves, parcequ'alors les nombres des proportions se multiplieroient trop. De là on a tiré le catalogue général de toutes les consonnances tel qu'on le voit en la *fig.* 6.

Nous avons ici ajouté la sexte mineure, que nous n'avions pas encore trouvée entre les autres ci-dessus ; mais on la peut tirer de l'octave, car en ayant ôté le diton, ce qui restera sera la sexte mineure. Mais nous en parlerons incontinent plus clairement.

Ayant donc dit que tous les accords se rencontrent dans l'octave, il faut voir comment cela se fait, et comment ils naissent de sa division, afin de mieux connoître leur nature.

Premièrement, il est certain, suivant les remarques qui sont au commencement de ce traité, que cette division doit être arithmétique ou en parties égales. Or on peut voir dans la corde AB (*fig.* 7) ce qui doit être divisé ; car cette corde AB est distante ou différente de AC, de la partie CB : or le son AB est distant ou différent de AC d'une octave ; et partant, l'espace et la distance de l'octave sera la partie du son CB. C'est donc cette partie CB qui doit être divisée en deux parties égales, afin que toute l'octave soit divisée, ce qui se fait en D. Et afin de savoir quel accord doit naître proprement de cette division, il faut considérer que AB, qui est le terme le plus grave, est divisé en D, non par rapport à soi-même, car alors il le faudroit diviser en C, comme nous avons fait ci-dessus, parceque ce n'est plus maintenant un unisson qu'on divise, mais une octave qui a deux termes. C'est pourquoi quand le plus grave est divisé, cela se fait par rapport à l'autre qui est aigu, et non pas par rapport à soi-même ; tellement que l'accord qui s'engendre proprement de cette division doit être entre les termes AC et AD qui font une quinte, et non pas entre AD et AB qui font une quarte, parceque DB est seulement ce qui reste, et qui par accident engendre un accord, d'autant que le son qui fait un accord avec un terme d'une octave doit aussi s'accorder avec l'autre.

Derechef, après avoir divisé l'espace CB en D, on pourra, par la même raison, diviser CD en E, ce qui naturellement engendrera un diton, et en même temps tous les autres accords par accident, et il n'est pas besoin de diviser encore après cela CE ; mais en cas qu'on le voulût faire, ce seroit, par exemple, en F, d'où naîtroit le ton majeur, et par accident le ton mineur, et les demi-tons dont nous parlerons ci après ; car ils ont lieu successivement dans la voix, et non pas dans les accords.

Or il ne faut pas s'imaginer que ce soit sans fondement qu'on ait dit qu'il n'y a que la quinte et le diton qui s'engendrent de la division de l'octave, et que les autres ne s'engendrent que par accident ; car j'ai reconnu par expérience dans les cordes de luth ou de quelque autre instrument que ce soit, que si vous en touchez une, la force du son ébranlera toutes les autres cordes qui seront plus aiguës d'une quinte ou d'un diton, sans que j'aie pu observer que la même chose soit arrivée dans les quartes ou autres accords. Or cette force des accords ne peut venir sans doute que de leur perfection ou imperfection, en ce que les premiers sont des accords essentiellement et par eux-mêmes, au lieu que les autres ne le sont que par accident, en tant qu'ils viennent et descendent de ceux-là.

Il faut maintenant examiner si ce que nous avons dit ci-dessus est véritable, savoir, que toutes les consonnances simples sont enfermées dans l'octave ; ce que nous ferons aisément, si nous faisons un cercle de CB (*fig.* 8), moitié du *son* AB qui comprend l'octave, en sorte que B se vienne joindre à C, et que ce cercle soit ensuite divisé en D et en E, comme CB en la figure précédente a été divisé. Or la raison pour laquelle tous les accords se doivent ainsi trouver est que rien n'est d'accord avec un terme d'une octave qui ne soit en même temps d'accord avec l'autre terme de la même octave, ainsi que nous l'avons prouvé ci-dessus ; et partant, si dans la figure une partie du cercle fait un accord, le reste aussi en doit renfermer quelqu'un.

On connoîtra par cette figure pour quelle raison on appelle l'octave diapason, savoir, parcequ'elle renferme en soi tous les intervalles des autres consonnances.

Au reste, nous n'y avons rapporté que les consonnances simples, étant très aisé d'ajouter à chacun des intervalles supérieurs un ou deux cercles entiers, en cas qu'on voulût aussi y trouver les accords composés ; et il sera toujours évident que tous les accords sont composés de l'octave.

Nous pouvons inférer de ce que nous avons déjà dit que toutes les consonnances ou accords se réduisent à trois genres ; car, ou elles naissent de la première division de l'unisson, ainsi que font les octaves, ou bien de la division de l'octave même en parties égales, comme les quintes et les quartes, ou enfin de la division de la quinte même. Les premières de ces consonnances s'appellent consonnances ou accords du premier genre ; les secondes, accords de la seconde division ; les troisièmes sont les accords de la troisième et dernière division.

De plus, nous avons encore divisé les accords en ceux qui, proprement et par eux-mêmes, naissent de ces divisions, en ceux qui en naissent seulement par accident ; et nous avons dit qu'il n'y en avoit que trois de ceux-là, ce qu'on peut même prouver par la cinquième figure, dans laquelle nous avons exposé les accords avec leurs nombres, car il faut bien prendre garde qu'il n'y a que trois nombres accordants, 2, 3 et 5, les nombres 4 et 6 étant composés d'eux, et ainsi n'ayant lieu entre les accordants que par accident, comme il est évident par la même figure, dans laquelle on voit que ces nombres, de leur nature et en droite ligne, ne produisent pas de nouveaux accords, mais ceux-là seulement qui sont composés des premiers, comme, par exemple, 4 produit une quinzième, 6 une dix-neuvième ; mais par accident et au bout de la ligne, 4 produit une quarte, et 6 une tierce mineure ; où je vous prie de remarquer en passant que, dans le nombre de quatre, la quarte naît immédiatement de l'octave comme un monstre défectueux et imparfait.

Voici le plus agréable et le plus doux de tous les accords ; c'est pourquoi on a coutume de le faire régner dans toutes les chansons, dans lesquelles il tient toujours le premier rang. C'est de lui que naissent les modes, et auquel convient ce que nous avons dit en la septième remarque faite au commencement de ce traité ; car soit que nous tirions la perfection des consonnances de la division d'une corde ou du rapport de leurs nombres, il n'y en a proprement que trois, entre lesquelles la quinte tenant le milieu, elle aura ce tempérament, qu'elle ne frappera pas les oreilles si aigrement que le diton ni si mollement que le diapason, mais plaira davantage qu'aucun autre.

On peut aussi connoître par la sixième figure qu'il y a trois sortes de quintes, entre lesquelles la douzième tient le second rang, et que pour cela nous appellerons la plus parfaite. Tellement qu'il ne faudroit se servir que de cette seule espèce de quinte dans la musique, si ce n'étoit que l'agrément dépend aussi de la diversité, ainsi que nous avons observé dans la dernière de nos remarques.

Mais vous direz peut-être que l'on se sert quelquefois dans la musique de l'octave seule, sans aucune variété, comme lorsque deux personnes chantent un même air, dont l'une a la voix plus haute d'une octave que l'autre, ce qui ne se fait pas avec la quinte ; et partant, il semble que l'octave ayant cet avantage par-dessus la quinte, mérite aussi d'être appelée la plus agréable de toutes les consonnances ;

Néanmoins je réponds que cette objection ne sert que pour appuyer notre sentiment, bien loin de l'ébranler : car si l'octave a cette propriété, c'est parcequ'elle renferme l'unisson, et alors les deux voix sont entendues comme une seule, ce qui n'arrive pas dans la quinte, dont les termes diffèrent entre eux davantage, et partant remplissent aussi plus l'oreille ; c'est pourquoi l'on s'en dégoûteroit aisément si on s'en servoit dans les chansons sans y mêler d'autres accords, ce que j'appuie d'un exemple assez familier : ainsi nous nous dégoûterions bien plus tôt si nous ne mangions que du sucre, ou d'autres semblables friandises, que si nous ne mangions que du pain, que tout le monde avoue pourtant n'être pas si agréable au goût que ces choses.

DE LA QUARTE.

Cette consonnance est la plus malheureuse de toutes, et jamais on ne la fait entrer dans la musique, si ce n'est par accident et avec l'appui des autres, non qu'elle soit plus imparfaite que la tierce mineure ou que la sexte mineure, mais parcequ'elle approche si fort de la quinte, qu'elle perd toute sa grâce en comparaison d'elle.

Pour comprendre ces choses, il faut remarquer qu'on n'entend jamais une quinte dans la musique, qu'on n'entende aussi en quelque façon la quarte plus haute : ce qui suit de ce que nous avons dit à l'occasion de l'unisson, qu'avec lui on a coutume d'entendre un son plus élevé d'une octave. Car, par exemple, que AC (*fig.* 9) soit distant de DB d'une quinte, et que EF en soit la résonnance plus élevée d'une octave, EF sera sans doute distante de BD d'une quarte, et c'est d'où vient que la quarte, qui accompagne toujours la quinte, en peut être appelée comme l'ombre.

De là aussi il est aisé de juger pourquoi la quarte n'a pas lieu d'elle-même dans la musique, et qu'elle ne se met point entre la basse et une autre partie ; car, ayant déjà dit que les autres accords ne servent dans la musique qu'à varier la quinte, sans doute que la quarte, qui en est l'ombre, sera absolument inutile à cet effet, puisqu'elle ne la varie point : car si on se servoit de la quarte contre la basse, alors la quinte, comme plus haute, résonnéroit toujours, et feroit que l'oreille jugeroit bien qu'elle est hors de sa place et mise en une plus basse, ce qui lui rendroit la quarte tout-à-fait désagréable, comme lui ayant été présentée l'ombre pour le corps, ou l'image pour la chose même.

DU DITON, TIERCE MINEURE ET DES SEXTES.

Il est aisé de conclure de ce que nous avons déjà établi que le diton est plus parfait que la quarte pour plusieurs raisons, auxquelles on peut encore ajouter que la perfection d'un accord ne dépend pas seulement de ce qu'il est, lorsqu'on le considère comme simple, mais aussi de tout ce qui en est composé ; dont la raison est qu'on ne peut jamais entendre un accord si dénué que le résonnement de celui qui en est composé ne se fasse aussi quelque peu entendre, ayant ci-dessus observé que le résonnement d'une octave plus aiguë est renfermé dans l'unisson. Or le diton, considéré de cette manière, est composé de bien moindres nombres que la quarte, ainsi que l'on peut voir dans la sixième figure, et partant il est aussi plus parfait. C'est pourquoi nous lui avons donné rang avant la quarte, ayant tâché de placer les accords dans cette figure selon le degré de leur perfection.

Il faut maintenant expliquer pourquoi le troisième genre de diton en la sixième figure est le plus parfait, et que, sur une corde de luth, il fait un tremblement sensible à la vue, plutôt que le premier et le second ; ce que j'estime et même ose assurer venir de ce qu'il consiste dans une proportion multiple, et les autres dans une proportion superparticulière ou multiple et superparticulière tout ensemble.

Or je démontre pourquoi les plus parfaits accords (que j'ai expressément placés les premiers dans la cinquième figure) naissent de la proportion multiple : par exemple, que la ligne AB (*fig.* 10) soit différente de CD du troisième genre de diton ; en quelque façon qu'on veuille imaginer que l'oreille reçoive le son, il est constant qu'il lui est plus facile de distinguer quelle proportion il y a entre AB et CD, qu'entre CF et CD. En effet, on le connoîtra d'abord, en rapportant le son AB aux parties du son CD, savoir à CE, EF, FG, etc., dont il ne restera rien à la fin, au lieu que, dans la proportion de CF à CD, si on rapporte CF à FH, la même chose n'arrivera pas, d'autant qu'il restera HD, sur laquelle il faut encore réfléchir pour connoître quelle est la proportion qui se rencontre entre CF et CD, ce qui embrasse davantage.

On pourra encore connoître la même chose, en supposant que le son frappe les oreilles de plusieurs coups, et ce d'autant plus promptement que le son est plus aigu, car alors, afin que le son AB se conforme avec le son CD, il doit frapper justement cinq fois l'oreille pendant que CD ne la frappera qu'une fois : or le son CF ne retournera point à l'unisonance, que le son CD n'ait auparavant frappé deux fois l'oreille, comme il s'ensuit de ce que nous avons démontré ci-dessus. Et de quelque façon que l'on conçoive que le son s'entende, la même chose s'expliquera toujours.

La tierce mineure est engendrée du diton, comme la quarte l'est de la quinte ; et comme le diton est moins parfait que la quinte, aussi la tierce mineure est-elle moins parfaite que la quarte. Néanmoins on ne laisse pas de l'employer pour varier la quinte, et même on le doit : car l'octave, se faisant toujours entendre dans l'unisson, elle ne peut apporter aucune variété ; le seul diton aussi n'est pas suffisant pour cela, car il ne peut y avoir de variété, sinon du moins entre deux sons ; c'est pourquoi on lui a dû ajouter la tierce mineure, afin que les pièces de musique où les ditons règnent beaucoup soient différentes de celles dans lesquelles on réitère souvent les tierces mineures.

La Sexte majeure procède du diton, dont elle suit la nature et les propriétés, aussi bien que la dixième majeure et la dix-septième. Il ne faut que jeter les yeux sur la cinquième figure pour entendre cela : vous y verrez au nombre quatre que la quinzième, l'octave et la quarte s'y rencontrent. Ce nombre est le premier composé, et on le résout et divise jusques à l'unité, par le nombre binaire qui représente l'octave, d'où il arrive que tous les accords qui en sortent sont propres pour la composition, entre lesquels la quarte se rencontrant (laquelle nous avons pour cela ci-devant nommée le monstre de l'octave, ou une octave défectueuse), il faut conclure qu'elle n'est pas inutile en la composition, où les mêmes raisons qui empêchent qu'on ne l'emploie seule n'ont pas lieu, car alors elle reçoit quelque perfection de celle qui lui est jointe, et n'est plus sujette à la quinte.

La sexte mineure est dérivée de la tierce mineure, comme la sexte majeure du diton ; et ainsi elle en emprunte et les propriétés et la nature, sans que rien en puisse empêcher.

Il seroit maintenant à propos de parler des différents effets des accords, et du pouvoir qu'ils ont pour exciter diverses passions dans l'âme ; mais une recherche plus exacte et plus étendue de ces choses peut en partie se tirer de ce qui en a été dit, le surplus passeroit les bornes d'un abrégé que je me suis proposé de faire : car leurs vertus et propriétés sont en si grand nombre et appuyées de circonstances si foibles et si légères, qu'un volume entier ne seroit pas suffisant pour les renfermer.

Je dirai seulement, touchant cela, que la variété la plus considérable se fait par ces quatre derniers accords, dont le diton et la sexte majeure sont plus gais et plus agréables que la tierce et la sexte mineures, comme ceux qui pratiquent la musique savent fort bien ; et que l'on peut aussi aisément conclure de ce que nous en avons dit auparavant, où nous avons prouvé que la tierce mineure s'engendroit du diton par accident, et la sexte majeure par nature, comme n'étant qu'un diton composé.

DES DEGRÉS OU TONS DE MUSIQUE.

Les degrés sont nécessaires dans la musique, principalement pour deux raisons : l'une, pour pouvoir passer d'un accord à l'autre par leur moyen, ce qui seroit difficile à faire par les seuls accords, du moins avec cette variété qui rend la musique agréable ; l'autre, pour diviser en certains intervalles l'espace que le son occupe et embrasse, afin que, par ce moyen, la voix passe des uns aux autres plus commodément, et avec plus d'agrément et de douceur que si elle passoit par des accords seulement.

Si on considère les degrés en la première façon, on verra qu'il n'y en peut avoir que de quatre espèces, car alors on les doit tirer de l'inégalité qui se rencontre entre les accords : or tous les accords ne diffèrent l'un de l'autre que d'une $\frac{1}{9}$, ou $\frac{1}{10}$, ou $\frac{1}{16}$, ou enfin $\frac{1}{25}$ partie, outre les intervalles qui font les autres accords ; et partant tous les degrés consistent dans ces nombres, dont les deux premiers sont appelés tons majeur et mineur, les deux derniers se nomment demi-tons majeur et mineur.

Il faut maintenant prouver que les degrés, ainsi considérés, s'engendrent par l'inégalité des accords ; ce que je montre ainsi : toutes les fois qu'on passe d'un accord à l'autre, il faut, ou qu'un seul terme se meuve, ou tous les deux ensemble ; or, de quelque façon que se fasse ce passage, il ne se peut faire que par des intervalles qui montrent l'inégalité qui se rencontre parmi les accords : donc, etc.

La première partie de la mineure se démontre ainsi : si, par exemple, il y a une quinte entre A (*fig.* 11) et B, et que de A à C il y ait une sexte mineure, sans doute qu'il y aura la même différence entre B et C, qu'il y a entre une quinte et une sexte mineure, savoir $\frac{1}{16}$.

Pour la preuve de la seconde partie de la mineure, il faut observer qu'on ne doit pas seulement avoir égard à la proportion dans les sons, lorsqu'ils sont produits plusieurs ensemble, mais aussi lorsqu'ils se suivent les uns les autres et sont produits successivement, en sorte que le son d'une voix doit être d'accord, autant que faire se peut, avec le son de la voix précédente, ce qui n'arrivera jamais si les degrés ne s'engendrent de l'inégalité des sons. Que DE, par exemple, soit une quinte, et que l'un et l'autre terme se meuve par des mouvements contraires, afin que de ce changement il en naisse une tierce mineure, si l'intervalle DF n'est pas engendré de l'inégalité de la quarte avec la quinte, F ne pourra pas s'accorder par relation avec E, mais elle le pourra si cet intervalle en est engendré ; il en est de même des autres, comme il est aisé de s'en convaincre par l'expérience : sur quoi il faut remarquer (pour ce qui regarde cette relation) que nous avons expressément ajouté qu'elle devoit s'accorder autant que faire se peut, car il y a des rencontres où cela peut ne pas arriver, comme on verra dans la suite.

Mais si on considère ces degrés en la seconde manière, savoir, comme il les faut ranger et compasser dans toute l'étendue ou intervalle des sons, afin qu'une voix seule puisse par leur moyen s'élever ou s'abaisser immédiatement, alors de tous les tons qu'on a déjà trouvés, ceux-là seuls seront censés légitimes en qui les accords seront immédiatement divisés. Pour bien connoître ceci, il faut remarquer que toute l'étendue ou intervalle des sons se divise en octaves, dont l'une ne peut être en aucune façon différente de l'autre, et ainsi il suffit de diviser l'espace d'une seule octave pour avoir tous les degrés. Remarquez encore que cette octave a déjà été divisée en diton, en tierce mineure, et en quarte ; qui suit manifestement de ce que nous avons dit au sujet de la sixième figure du précédent traité.

D'où il est évident que les degrés ne peuvent pas diviser toute l'octave, s'ils ne divisent le diton, la tierce mineure et la quarte, ce qui se fait ainsi : le diton se divise en ton majeur et ton mineur ; la tierce mineure, en ton majeur et demi-ton majeur; la quarte, en tierce mineure et ton mineur, laquelle tierce se divise encore en ton majeur et demi-ton majeur ; et ainsi l'octave entière est composée de trois tons majeurs, de deux mineurs, et de deux semi-tons majeurs.

Nous n'avons donc ici que trois sortes de degrés, car on en exclut le demi-ton mineur, parcequ'il ne divise pas immédiatement les accords, mais seulement le ton mineur ; comme il paroît de ce que si l'on dit que le diton est composé du ton majeur et de l'un et de l'autre demi—ton, alors l'on voit que ces deux demi-tons composent le ton mineur.

Mais pourquoi, dira-t-on, n'admet-on pas aussi le degré qui, s'engendre de la division d'un autre, et qui divise seulement les accords médiatement, et non pas immédiatement ? Je réponds premièrement, que la voix ne peut pas aller par tant de différentes divisions, et en même temps s'accorder avec une autre voix différente, sans grande difficulté, comme on le peut expérimenter. Secondement, le demi-ton mineur se joindroit au ton majeur, avec lequel il feroit une dissonance fort désagréable, car elle consisteroit entre ces nombres, 64 et 75 ; c'est pourquoi la voix ne se pourroit mouvoir par cet intervalle. Mais, pour mieux satisfaire à cette objection,

Remarquez que le son aigu et élevé a besoin pour être formé, ou d'une haleine beaucoup plus forte, si c'est une voix, ou d'un pincement plus sec et plus vigoureux, s'il est fait sur des cordes, que le son bas et grave ; ce que l'on expérimente dans les cordes, qui, plus elles sont tendues, rendent aussi un son plus aigu, et dont la raison est que l'air fait plus de résistance, qu'on le divise en plus de parties et plus petites, qui causent le son aigu ; d'où il arrive aussi que le son frappe l'oreille d'autant plus fortement qu'il est aigu. Cela posé,

Il semble que la raison la plus naturelle pourquoi on s'est servi de degrés dans les chansons est que, si la voix ne passoit que par les termes des accords, il y auroit une trop grande disproportion entre la force de l'un et la foiblesse de l'autre, ce que les chantres et les auditeurs auroient peine à souffrir.

Par exemple, si je veux monter de A à B (*fig.* 12), le son B se faisant entendre avec plus de force que le son A, afin de déguiser cette disproportion, on y insère au milieu le terme C, par le moyen duquel comme pour un degré on monte et passe à B avec plus de facilité et de douceur de voix.

Tellement que les degrés ne sont autre chose qu'un certain milieu compris entre les termes des accords pour adoucir la rudesse de leur inégalité, et qui, n'ayant pas d'eux-mêmes assez d'agrément pour contenter l'oreille, sont considérés par rapport aux accords ; tellement que la voix passant par un degré, l'oreille n'est pas entièrement satisfaite qu'elle ne soit arrivée au second, pour cela doit faire un accord avec le précédent, ce qui éclaircit la difficulté ci-dessus proposée.

De plus, c'est aussi la raison pourquoi on se sert plutôt de degrés, dans la voix successive, que de neuvièmes et de septièmes qui naissent des degrés, et dont quelques unes sont composées de moindres nombres que les degrés mêmes, savoir, parceque ces sortes d'intervalles ne divisent pas les moindres accords, et ne peuvent pas pour cela adoucir la rudesse qui se rencontre entre leurs termes.

Je n'en dirai pas davantage touchant l'invention des degrés, que je pourrois prouver être engendrés par la division du diton, comme le diton l'est par la division de la quinte. Je pourrois aussi en tirer plusieurs choses qui appartiennent à leurs diverses perfections, mais ce seroit un ouvrage trop long, auquel ce que nous avons dit des accords peut suppléer.

Il faut maintenant parler de l'ordre et de la disposition que ces degrés doivent observer dans tout l'espace de l'octave, qui doit nécessairement être tel, que le demi-ton majeur et le ton mineur aient toujours de part et d'autre auprès d'eux un ton majeur avec lequel le ton mineur compose un diton, et le demi-ton majeur une tierce mineure, selon ce que nous avons déjà remarqué. Or l'octave contenant deux demi-tons et deux tons mineurs, devroit aussi, pour éviter la fraction, contenir quatre tons majeurs ; mais, n'en ayant que trois, il faut nécessairement en quelque endroit user de quelque fraction qui soit la différence entre le ton majeur et le ton mineur, laquelle nous nommons un schisme, ou même entre le ton majeur et le demi-ton majeur, laquelle contient le demi—ton mineur avec un schisme : car, par le moyen de ces fractions, le ton majeur deviendra en quelque façon mobile, et pourra tenir lieu de deux ; ce qu'on peut aisément voir dans les *figures* 13 et 14, dans lesquelles nous avons mis en rond l'espace de toute l'octave, en la même manière que nous avons déjà fait ci-dessus, dans la *figure* 8.

Or, dans l'une et dans l'autre de ces figures, chaque intervalle représente un degré, excepté le schisme dans la première figure, et le demi-ton mineur avec un schisme dans la seconde ; car ces deux intervalles sont mobiles en quelque façon, se rapportant tantôt à l'un et tantôt à l'autre de leurs degrés voisins.

De là vient qu'en la *figure* 13 nous ne pouvons pas d'abord descendre par degrés de 288 à 405, si nous ne faisons retentir en quelque façon le terme du milieu, en sorte que, si on le compare à 288, il semble être 480 ; si au contraire il regarde 405, il semble être 486, afin de faire une tierce mineure avec l'un et avec l'autre. Or cette différence entre 480 et 486 est si peu de chose, que la mobilité du terme qui est fait de l'un et de l'autre ne paroît presque pas être dissonante à l'oreille.

De même nous ne pouvons pas non plus, dans la *figure* 14, monter par degrés du terme 480 à 324, si nous n'élevons le terme moyen, en sorte qu'il soit de 384 s'il regarde 480, et de 405 s'il regarde 324, afin qu'il fasse un diton avec l'un et avec l'autre ; mais y ayant une différence si grande entre 384 et 405, que pas une de ces voix ne se peut si bien ajuster que, s'accordant avec l'un des extrêmes, elle ne semble en même temps être dissonante avec l'autre, on est obligé de chercher une autre voie, la plus exacte qu'il est possible, par laquelle, ne pouvant pas tout-à-fait suppléer à ce défaut, on puisse du moins le corriger en quelque chose.

Or il n'y en a point d'autre que celle qui se rencontre dans la *figure* 13, savoir, par l'usage du schisme : ainsi, voulant passer par le terme 405, nous éloignerons le terme G d'un schisme, afin que 480 soit réduit à 486. Voulant aussi passer par 384, il faudra changer le terme D, et nous aurons 320 au lieu de 324, et ainsi il sera éloigné d'une tierce mineure de 384.

D'où il est évident que tous les espaces par lesquels une voix seule se peut mouvoir et changer sont compris dans la *figure* 13 ; car, après avoir corrigé ce qui étoit incommode en la *figure* 14, alors elle n'est plus différente de la première, comme il est aisé de le reconnoître.

De plus, il n'est pas moins évident, par ce que nous venons de dire, que cet ordre des tons, que les musiciens appellent vulgairement la main ou la gamme, comprend en soi toutes les manières selon lesquelles on peut disposer les degrés que nous avons prouvé ci-devant être compris dans les deux figures précédentes. Or il faut observer que cette main renferme tous les termes de l'une et de l'autre figure, comme le montre la *figure* 15, où nous avons mis cette gamme en rond, pour la confronter plus aisément avec les deux autres, avertissant, en passant, qu'elle commence au terme F, auquel nous avons expressément assigné le plus grand nombre, pour faire voir que ce terme est le plus bas de tous ; ce qui doit être ainsi, parceque nous ne pouvons commencer les divisions de toute l'octave que de deux lieux, à savoir, ou en mettant au premier lieu deux tons, et après un demi—ton trois tons consécutifs au dernier lieu ;

ou, au contraire, en mettant trois tons au premier lieu et deux seulement au dernier. Or le terme F représente ces deux lieux tout ensemble : car si nous y commençons par bémol, il n'y a que deux tons au premier lieu ; si c'est par bécarre, il y en aura trois, et partant, etc.

Il est donc clair et évident, en premier lieu, par cette dernière figure et par la figure 14, que toute l'octave ne contient que cinq espaces par où la voix passe et se meut naturellement, c'est-à-dire sans aucune fraction ni terme mobile, lequel il a fallu trouver avec artifice pour aller au-delà ; d'où il est arrivé qu'on a donné ces cinq intervalles à la voix de nature, et qu'on n'a inventé que six syllabes, comme autant de caractères, pour les exprimer, savoir, *ut, ré, mi, fa, sol, la.*

Secondement, que de l'*ut* au *ré* il y a toujours un ton majeur, du *ré* au *mi* toujours un ton mineur, du *mi* au *fa* toujours un demi—ton majeur ; du *fa* au *sol* toujours un ton majeur, et enfin du *sol* au *la* toujours un ton mineur.

En troisième lieu, qu'il n'y a que deux sortes de voix artificielles, savoir bémol et bécarre ; parceque l'espace qui est entre A et C, lequel n'est point divisé par la voix de nature, peut être divisé seulement en deux manières, ou bien en mettant le semi-ton au premier lieu, ou en le mettant au second.

En quatrième lieu, on voit pourquoi on répète les mêmes notes dans les voix artificielles ; car, par exemple, quand on monte de A en B, n'y ayant point de notes qui valent un demi-ton majeur que *mi* et *fa*, il suit manifestement que *mi* doit être placé en A et *fa* en B ; il en faut dire de même des autres lieux, en les parcourant par ordre ; et il ne faut pas croire qu'il eût été plus à propos d'inventer d'autres notes ; car, outre que c'eût été inutilement, parcequ'elles n'eussent marqué que les mêmes intervalles que celles-ci signifient dans la voix naturelle, cela eût aussi été fort incommode aux musiciens, cette confusion de notes étant embarrassante, soit pour leur donner place sur le papier ou même pour les chanter.

Enfin, on peut maintenant connoître comment se font les muances d'une voix ; à l'autre, savoir par des termes communs à deux voix ; de plus, que ces voix sont distantes l'une de l'autre d'une quinte, et que la voix en bémol est la plus basse de toutes, parcequ'elle commence au terme F, que nous avons ci-dessus montré être le premier, et on l'appelle bémol, à cause que plus un ton est grave ou bas, et plus aussi est-il mol et foible, parce qu'il faut moins d'effort de voix pour le faire entendre, comme nous avons déjà remarqué. Pour la voix de nature ou naturelle, elle tient le milieu et elle le doit tenir, car autrement elle seroit mal nommée naturelle, si pour l'exprimer on avoit besoin de hausser ou d'abaisser excessivement sa voix. Enfin, la voix qui est désignée par ce caractère ♮, est appelée bécarre, tant à cause qu'elle est la plus aiguë et la plus élevée, comme étant opposée à celle de bémol, que parcequ'elle divise l'octave en triton et fausse quinte, et c'est pour cela qu'elle est moins agréable que bémol.

Quelqu'un dira peut-être que cette main ou cette gamme n'est pas assez ample pour renfermer toutes les nuances des degrés ; car, comme on y montre la manière de passer de nature en bémol ou en bécarre, aussi devroit-on y mettre d'autres rangs de part et d'autre, comme nous avons fait en la figure 16, afin d'avoir la même liberté de passer de bémol en nature ou en bécarre, ou de bécarre en nature ou en bémol, ce qui se confirme de ce que les musiciens ordinaires se servent souvent de tels intervalles, qu'ils désignent ou par un dièse ou par un bémol, que pour cela ils ôtent de sa place.

À quoi je réponds qu'il y auroit par ce moyen un progrès à l'infini, mais que dans cette main on n'a dû exprimer simplement que les muances d'une chanson. Or on démontre que ces muances sont exactement comprises en ces trois rangs (auxquels répondent les trois clefs), parcequ'en chaque rang il n'y a que six termes, dont deux se changent lorsque la muance se fait au rang suivant, et ainsi il n'en reste plus que quatre de ceux qui étoient dans le premier rang ; si on veut passer au troisième, deux de ces quatre qui étoient demeurés se changeront encore, et ainsi il n'en restera plus que deux de ceux qui étoient dans le premier rang, qui enfin seroient entièrement abolis au quatrième, si on vouloit pousser jusque là, ainsi que la figure fait voir ; tellement qu'il arriveroit que ce ne seroit plus sur la fin la même chanson qui auroit été au commencement, puisqu'il n'y resteroit aucun terme.

Pour ce qui regarde l'usage des dièses, ils ne font pas un rang à part, comme font bémol et bécarre, mais ils ne consistent qu'en un terme qu'on élève, ce me semble, d'un demi-ton mineur, tous les autres termes de la chanson demeurant en même état : et je ne puis maintenant me souvenir assez bien comment et pourquoi cela se fait, ni même aussi pourquoi une seule note s'élevant au-dessus de *la*, on lui donne une marque de bémol, pour en pouvoir donner ici la raison ; mais j'estime que la pratique nous la pourra apprendre, si des degrés où l'on se sert de ces choses et des voix qui font un accord avec elles, on en soustrait les nombres, ce qui mérite bien qu'on y pense sérieusement.

On pourroit encore opposer que ces six voix *ut ré mi fa sol la* sont superflues, et que quatre seroient suffisantes, n'y ayant que trois intervalles différents, et je ne nie pas, en effet qu'on ne pût chanter la musique en cette manière ; mais comme il y a une grande différence entre le terme aigu et le terme grave, et que celui-ci est bien plus considérable que l'autre, comme nous avons remarqué ci-dessus, de là vient qu'il est plus à propos et plus aisé de se servir de diverses notes que de se servir des mêmes pour l'aigu et pour le grave.

Or ce lieu demande que nous expliquions la pratique de ces degrés, comment les parties de musique en sont réglées, par quel moyeu l'on peut réduire la musique vulgaire aux règles que nous avons établies, et de quelle manière toutes ses consonnances et autres intervalles se peuvent déduire par le calcul.

Pour cela, il faut savoir que les musiciens ordinaires, et qui n'ont que la pratique, renferment leur musique entre cinq lignes, auxquelles on en peut ajouter d'autres, selon l'étendue des tons de la pièce.

De plus, que ces lignes sont éloignées l'une de l'autre de deux degrés ; ce qui fait qu'entre deux de ces lignes, il en faut toujours sous-entendre une qu'on omet pour éviter la confusion. Or toutes ces lignes étant également éloignées l'une de l'autre, et signifiant en même temps des espaces inégaux, on a pour cela inventé deux signes, savoir ♭ mol et ♮ bécarre, dont l'un est mis sur la corde qui représente ♭ fa, ♮ mi. De plus, une chanson ayant souvent plusieurs parties qui sont décrites séparément, on ne pourroit pas connoître par ces seuls signes ♭ et ♮, laquelle seroit le dessus ou la basse ; c'est pourquoi on a inventé trois autres signes, savoir 𝄢, 𝄡 et 𝄞, dont l'ordre et le rang ont déjà été prouvés ci-dessus ; et afin de mieux connoître toutes ces choses, nous avons fait la figure 17, où nous avons décrit toutes les cordes que nous avons éloignées l'une de l'autre plus ou moins, selon qu'elles dénotent de plus grands ou de plus petits espaces ; en sorte qu'on pût voir à l'œil la proportion des accords.

Outre cela, nous avons partagé cette figure en deux colonnes, pour faire voir la différence qu'il y a entre les signes ♭ et ♮ ; car les pièces qui se doivent chanter par l'un ne se peuvent pas décrire aussi par l'autre, si tous leurs tons ne sont transportés de leur place d'une quarte ou d'une quinte ; en sorte qu'où devroit être F *ut fa*, là se mette C *sol ut fa*.

Nous n'allons pas plus loin, et on doit en demeurer là, d'autant que ces termes divisent les trois octaves dans lesquelles nous avons dit ci-dessus que tous les accords sont renfermés ; en quoi je suis aussi appuyé de l'usage ordinaire des musiciens, qui ne vont presque jamais au—delà de cet espace.

L'usage de ces nombres (*fig.* 18) est pour connoître exactement quelle proportion ont entre elles les notes qui sont employées dans toutes les parties d'une chanson ; car les sons que ces notes représentent sont l'un à l'autre comme les nombres qu'on a mis à chaque corde sont entre eux ; tellement que si une corde d'instrument est divisée en cinq cent quarante parties égales ; et que le son de cette corde représente le terme F, qui est le plus bas de tous, quatre cent quatre-vingts parties de la même corde rendront le son du terme G, et ainsi des autres.

Or nous avons ici disposé les degrés des quatre parties, afin qu'on voie de combien elles doivent être distantes l'une de l'autre ; non que pour cela les clefs 𝄢, 𝄡 et 𝄞, n'aient quelquefois place ailleurs ; ce qui arrive selon la diversité des degrés par où passe chaque partie, mais parceque cette façon est la plus naturelle et la plus en usage.

Au reste, nous avons mis seulement des nombres sur les cordes ordinaires des notes, supposées en leur place naturelle ; que si l'on trouve des dièses à l'endroit de quelques notes ou un bémol ou un bécarre, qui les fassent sortir de leur lieu, alors il faudra se servir d'autres nombres pour en expliquer la valeur, dont la quantité se prendra des autres notes des autres parties avec lesquelles ces dièses s'accordent.

DES DISSONANCES.

Tous les intervalles autres que ceux dont nous avons traité jusques à présent sont appelés dissonances ; néanmoins nous ne nous proposons de parler ici que de celles qui se rencontrent nécessairement dans l'ordre des tons que nous avons ci-dessus expliqué, en sorte qu'on ne peut pas se dispenser de s'en servir dans les chansons.

De ces dissonances, il y en a de trois sortes ; car, ou elles naissent des degrés seuls et de l'octave, ou de la différence qu'il y a entre le ton majeur et le ton mineur que nous appelons schisme, ou enfin de la différence qui est entre le ton majeur et le demi-ton majeur.

Sous le premier genre sont comprises les septièmes et les neuvièmes, ou seizièmes qui ne sont que des neuvièmes composées, comme les neuvièmes mêmes ne sont que des degrés composés de l'octave, et les septièmes que le reste de l'octave dont on a ôté quelque degré, d'où l'on peut inférer qu'il y a trois diverses neuvièmes et autant de septièmes, parcequ'il y a trois sortes de degrés or elles consistent toutes entre ces nombres ;

Neuvième très grande	$\dfrac{4}{9}$	Septième majeure	$\dfrac{8}{15}$
Neuvième majeure	$\dfrac{9}{20}$	Septième mineure	$\dfrac{5}{9}$
Neuvième mineure	$\dfrac{15}{32}$	Septième très petite	$\dfrac{9}{16}$

Entre les neuvièmes il y en a deux majeures qui sont engendrées de deux tons, la première du ton majeur, et la seconde du ton mineur ; nous en avons appelé une très grande, pour ne les pas confondre ensemble ; pour la même raison ; il y a tout au contraire deux septièmes mineures, et pour les distinguer il en a fallu aussi nommer une très petite.

Il est manifeste qu'on ne peut pas éviter dans les sons successifs ces sortes de dissonances quand on chante à plusieurs parties ; mais on demandera peut-être pourquoi elles ne sont pas en usage dans la voix successive d'une partie seule, aussi bien que les degrés, vu que quelques unes d'entre elles se peuvent exprimer par des nombres moindres que ne font les degrés, et conséquemment semblent devoir être plus agréables à l'oreille.

L'éclaircissement de cette difficulté dépend de ce que nous avons ci-dessus remarqué, savoir, que plus la voix est aiguë, et plus aussi a-t-on besoin de force et d'haleine pour se faire entendre ; et c'est pour cela qu'on a inventé les degrés, afin qu'ils tinssent comme le milieu entre les termes des consonnances, et que par leur moyen l'on pût passer plus aisément du terme grave d'un accord à l'aigu, ou de l'aigu au grave ; ce qui ne se peut faire avec des septièmes ou des neuvièmes, dont les termes sont plus éloignés que ceux des consonnances mêmes, et qui devroient par conséquent être poussés avec plus d'inégalité, d'effort et de contension.

Sous le second genre de dissonances sont la tierce mineure et la quinte, l'une et l'autre diminuées d'un schisme, comme aussi la quarte et la sexte majeure, toutes deux augmentées d'un schisme ; car y ayant nécessairement un terme mobile dans l'intervalle d'un schisme, on ne peut éviter, dans toute la suite des degrés, qu'il n'en naisse de semblables dissonances en relation, c'est-à-dire dans un air successif et chanté par plusieurs voix.

Or on peut voir, par le détail et l'induction qu'on en fera, qu'il ne peut pas y avoir d'autres dissonances que celles que nous avons ici rapportées ; les voici avec leurs nombres :

Tierce mineure défective $\cdots\cdots\quad\frac{27}{32}$

Quinte défective d'un schisme $\cdots\quad\frac{27}{40}$

Quinte augmentée d'un schisme $\cdots\quad\frac{20}{27}$

Sixième majeure augmentée d'un schisme $\frac{16}{27}$

ou bien en cette manière :

Tierce mineure défective $\left\{ \begin{array}{l} \flat \text{ de G à B, 480 à 405,} \\ \natural \text{ de B à D, 384 à 324.} \end{array} \right.$

Quinte défective d'un schisme de G à D, 480 à 324.

Quarte augmentée d'un schisme   de D à G, 324 à 240.

Sixième majeure augmentée d'un schisme $\left\{ \begin{array}{l} \flat \text{ de B à G, 405 à 240,} \\ \natural \text{ de D à B, 324 à 192.} \end{array} \right.$

Ces nombres sont si grands, que semblables intervalles semblent ne se pouvoir pas souffrir ; mais, d'autant, comme nous avons déjà remarqué, que l'intervalle du schisme est si peu considérable que l'oreille a de la peine à le discerner, de là vient que ces dissonances empruntent de la douceur et de l'agrément des accords dont elles sont les plus proches ; car les termes des accords ne sont pas tellement fixés, que, pour un léger changement de l'un d'eux, toute l'harmonie et la beauté de l'accord se perdent entièrement ; et cette raison est si puissante, que telles dissonances dans la voix successive d'une même partie suppléent même quelquefois aux accords dont elles sont engendrées.

La troisième sorte de dissonances comprend le triton et la fausse quinte, car en celle-ci le demi-ton majeur y est substitué à la place du ton majeur ; le contraire arrive dans le triton. Ces deux dissonances s'expliquent par ces nombres :

$$\text{Triton} \frac{32}{45},$$

$$\text{Fausse quinte} \dots \frac{45}{64},$$

ou ainsi,

Triton. . .   . . $\natural$ F à B, 540 à 384,

$$\left\{ \quad . \quad . \quad \flat \text{ B à E, 405 à 288.} \right.$$

$$\text{Fausse quinte} \left\{ \begin{array}{l} \natural \text{ B à F, 384 à 270,} \\ \flat \text{ E à B, 288 à 202} \frac{1}{2} \text{ ou 576 à 405.} \end{array} \right.$$

Or ces nombres sont trop grands pour rendre un intervalle agréable aux oreilles, et n'ont pas des accords assez voisins, comme les autres, pour en emprunter la douceur : d'où vient qu'on doit éviter les dissonances dans la relation, principalement lorsque la musique est lente et sans diminution ; car en celle qu'on chante avec diminution l'oreille n'a pas le loisir d'apercevoir le défaut de ces dissonances, lequel paroît d'autant plus rude, qu'elles ont des quintes voisines, avec lesquelles l'oreille les comparant, on s'aperçoit plus aisément de leur imperfection par la douceur qu'ont les quintes. Nous finirons ici l'explication de toutes les propriétés du son, où il faut seulement remarquer, pour confirmer ce que nous avons dit ci-devant, que toute la diversité des sons à l'égard de l'aigu et du grave naît de ces nombres 2, 3 et 5 ; et que tous les nombres qui expliquent les degrés et les dissonances sont composés de ces trois seulement, par lesquels étant divisés, on les réduit à l'unité.

DE LA MANIÈRE DE COMPOSER, ET DES MODES.

On peut avoir appris du peu que nous avons dit que l'on peut composer une musique assez juste si on observe ces trois choses :

Premièrement, que tous les sons qui se chantent ensemble fassent quelque accord et consonnance, hormis la quarte, qu'on ne doit jamais faire entendre la dernière, c'est-à-dire contre la basse.

Secondement, que la même voix ne se meuve successivement que par degrés ou par accords.

En troisième lieu, que nous ne fassions point entrer le triton, ou la fausse quinte, non pas même en relation.

Mais, pour donner à la pièce plus de beauté et d'ornement, il faut encore observer ces règles :

Premièrement, il faut commencer par les accords les plus parfaits, car l'attention s'en réveille plus tôt que si on commençoit par quelque accord, froid et languissant ; ou même on peut commencer par la pause ou le silence d'une belle voix, car lorsqu'après que la voix qui a commencé a déjà rempli l'oreille, on se sent frappé de nouveau par cette autre qu'on n'attendoit point, cette nouveauté attache et lie notre attention. Nous n'avons point ci-devant parlé de la pause, parcequ'elle n'est rien de soi, mais cause seulement quelque nouveauté et diversité lorsqu'une voix qu'on a cessé d'entendre, ou qu'on n'avoit point encore entendue, vient à commencer.

En second lieu, deux octaves ou deux quintes ne se doivent jamais suivre immédiatement : or la raison pourquoi cette défense regarde plutôt ces accords que les autres, c'est parcequ'ils sont très parfaits, et qu'ainsi l'oreille est entièrement satisfaite et remplie lorsque l'un d'eux a été entendu ; et si tout aussitôt quelque autre accord n'en renouvelle l'attention, elle se trouve si occupée de la perfection du précédent, qu'elle s'attache peu à considérer la diversité et pour ainsi dire la symphonie froide et peu touchante de cette musique, ce qui n'arrive pas dans les tierces et autres accords : au contraire, lorsqu'on les réitère, l'attention se fortifie, et le goût s'augmente, qui nous tient en suspens, attendant un accord plus parfait.

En troisième lieu, il faut autant qu'il est possible que les parties procèdent par des mouvements contraires, pour diversifier davantage la pièce, car par ce moyen le mouvement de chaque voix est toujours différent de celui de son opposée et les accords sont différents de ceux qui leur sont voisins ; de plus il faut aussi que chaque voix se meuve plus souvent par degrés que par sauts ou grands intervalles.

En quatrième lieu, lorsqu'on veut passer d'une consonnance moins parfaite à une autre plus parfaite, prenons toujours la plus proche plutôt que celle qui est plus éloignée ; comme, par exemple, de la sexte majeure il faut passer à l'octave, de la sexte mineure à la quinte, etc. ; ce qu'il faut entendre aussi de l'unisson et des accords très parfaits. Or la raison pourquoi cela s'observe plutôt dans le mouvement ou passage des consonnances imparfaites aux parfaites que dans celui des parfaites aux imparfaites, est que, lorsque nous entendons un accord imparfait, l'oreille en attend un autre plus parfait où elle se plaise et se repose davantage ; et elle s'y porte par une inclination qui lui est naturelle, ce qui fait qu'on doit se servir de la plus proche consonnance comme de celle qu'elle désire ; mais au contraire, lorsqu'on en entend une parfaite, on n'en attend point une autre plus imparfaite, de sorte qu'il importe peu de laquelle on se serve. Cette règle néanmoins ne s'observe pas toujours, et je ne puis à présent me ressouvenir par quels accords et par quels mouvements on passe plus aisément à d'autres. Tout cela dépend de la pratique et de l'usage, et qui étant une fois su, il est aisé à mon avis d'en connoître les raisons par tout ce que nous avons dit, ainsi que j'en ai découvert autrefois plusieurs qui m'ont échappé de la mémoire dans l'embarras de mes voyages.

En cinquième lieu, on doit tellement contenter l'oreille à la fin de la pièce, qu'elle ne s'attende plus à rien, et qu'elle s'aperçoive que la chanson est achevée ; ce qu'on pourra faire par certains ordres de tons qui finissent toujours par des accords parfaits, que l'on appelle vulgairement cadences. On en peut voir de toutes les espèces chez Zarlin, qui les rapporte bien au long. Il a fait aussi des tables générales, où il explique quelles consonnances doivent s'entre-suivre dans toute la chanson ; ce qu'il appuie en même temps de plusieurs raisons, qu'on peut néanmoins tirer en plus grand nombre et plus plausibles des principes que nous avons établis.

Enfin il faut que toute la chanson, et que chaque voix en particulier, soit renfermée entre certaines bornes, qu'on appelle modes, dont nous parlerons incontinent.

Toutes ces choses doivent être exactement observées dans le contre-point de deux ou de plusieurs voix ensemble, lorsqu'il n'y a point de diminution ou autre notable diversité ; mais dans les pièces qu'on chante en diminution et qui sont beaucoup figurées, on se dispense souvent de la plupart de ces règles : et, pour en dire quelque chose en peu de mots, je parlerai d'abord des quatre parties ou voix qui entrent dans la musique ; car, quoiqu'on y en ajoute quelquefois davantage, ou qu'on se passe quelquefois de moins, c'est toutefois l'harmonie la plus parfaite et la mieux reçue.

La première et la plus grave de toutes ces voix est celle qu'on appelle la basse ; c'est la principale et celle qui doit davantage remplir l'oreille, étant comme le fondement des autres, dont nous avons ci-dessus rapporté la raison. Or elle a coutume de se chanter par bonds et par sauts, et non pas de couler par degrés conjoints, d'autant que les degrés n'ont été inventés que pour adoucir la rudesse et la difficulté qui se rencontreroient dans l'inégalité des termes d'un accord si on les chantoit l'un après l'autre, l'aigu dominant et conséquemment se faisant entendre bien plus fortement que le grave ; car cette rudesse est moins sensible dans la basse que dans les autres parties, à cause qu'elle est plus grave, et que pour cela elle n'a pas besoin de tant d'effort et de contention que les autres pour se faire entendre. J'ajoute enfin que les autres parties regardant celle-ci comme la principale, elle doit aussi frapper l'oreille davantage pour en être ouïe plus distinctement ; ce qui se fait lorsque dans les moindres accords on la conduit par sauts, c'est-à-dire passant immédiatement d'un terme à l'autre plutôt que par degrés.

La seconde est la taille, qui est la plus approchante de la basse ; elle est aussi la principale en son genre, car elle contient le sujet et elle est le soutien de toute l'harmonie, étant comme le nerf répandu dans tout le corps de la symphonie qui entretient et lie tous les membres ; c'est pourquoi elle se conduit ordinairement par degrés, afin que ses parties en soient plus unies, et que ses notes, ou pour mieux dire les sons qu'elles représentent, soient plus aisément aperçus et distingués des autres.

La contre-taille ou haute-contre est opposée à la taille ; son usage dans la musique n'est que pour la rendre plus agréable par la diversité de ses mouvements contraires. Elle va par sauts, comme la basse, mais pour différentes raisons ; car cela ne se fait que pour la commodité et la diversité, étant justement située entre deux voix qui se conduisent par degrés. Les musiciens ordinaires ont coutume de composer leurs pièces de telle sorte qu'elle descend quelquefois au-dessous de la taille ; mais cela est peu important et ne cause presque jamais aucune nouveauté, si ce n'est dans l'*imitation*, la *conséquence*, ou les *fugues*, et autres contre-points artificiels.

Le dessus est la voix la plus aiguë et est opposé à la basse, tellement que souvent l'un et l'autre se rencontrent par des mouvements contraires. Cette voix principalement doit aller par degrés, car étant très aiguë, la différence des termes seroit en elle trop désagréable, si ceux qu'elle feroit successivement entendre étoient trop éloignés l'un de l'autre. Or elle doit être conduite le plus vite de toutes dans la musique figurée, autant que la basse le doit être lentement : dont les raisons se peuvent tirer de ce que nous avons dit ci—dessus, car le son plus bas frappe aussi plus lentement l'oreille, qui ne pourroit souffrir qu'il allât aussi promptement et avec autant de vitesse que l'autre, d'autant qu'elle n'auroit pas alors le loisir de distinguer chaque ton.

Après avoir expliqué ces choses, il ne faut pas oublier de dire que dans ces pièces on se sert souvent des dissonances au lieu d'accords, ce qui se fait en deux manières, savoir, ou par diminution, ou par syncope.

La diminution se fait lorsque deux ou quatre ou plusieurs notes d'une partie répondent à une seule d'une autre partie en même temps ; dans lesquelles on doit observer cet ordre, que la première doit faire un accord avec la note de l'autre partie, mais que la seconde, pourvu qu'elle ne soit éloignée que d'un degré de la première, peut faire une dissonance, et être éloignée de l'autre partie d'un triton même ou d'une fausse quinte, parcequ'alors elle semble n'être employée que par accident, et comme un chemin pour passer de la première note à la troisième, avec laquelle cette première note doit être d'accord aussi bien que la note de la partie opposée. Que si cette seconde note va par sauts, c'est·à—dire si elle est éloignée de la première de l'intervalle d'un accord, alors elle doit aussi être d'accord avec la partie opposée, la raison précédente n'ayant plus lieu. Mais alors la troisième note pourra ne pas être tout-à-fait d'accord avec elle, si elle se meut par degrés, comme en cet exemple (*fig.* 19).

La syncope se fait lorsque, dans une partie, la fin d'une note est entendue en même temps que le commencement d'une note de la partie opposée, comme on peut voir en cet exemple, où le dernier temps de la note B n'est pas d'accord avec le commencement de la note C : ce qu'on souffre néanmoins, à cause que l'oreille est encore remplie du son de la note A, avec qui elle étoit d'accord ; et ainsi B est au respect de C, comme une voix seulement relative, dans laquelle on souffre les dissonances. Leur variété même fait que les accords entre lesquels elles sont mêlées en sont mieux entendus, et réveillent l'attention ; car la dissonance BC fait qu'on s'attend à quelque chose, de nouveau, et qu'on tient son jugement en suspens, touchant la beauté de la symphonie, jusques à ce qu'on entende la note D, où l'oreille commence à se satisfaire, et encore davantage en E, avec laquelle après que la fin de la note D a entretenu l'attention, la note F, qui lui succède aussitôt, fait un accord parfait, à savoir une octave.

On se sert de ces syncopes dans les cadences, parcequ'on goûte mieux ce qu'on a désiré longtemps. Ainsi le son se repose et s'arrête plus doucement dans un accord parfait ou un unisson, lorsque quelque dissonance les précède ; les degrés même doivent être mis entre les dissonances : car tout ce qui n'est point un accord passe ici pour une dissonance·

Il faut encore observer que l'oreille se plaît davantage à entendre finir les parties par une octave que par une quinte, et encore mieux par l'unisson ; non pas que la quinte ne soit le plus agréable de tous les accords, mais parcequ'à la fin on doit chercher le repos, qui est plus grand dans les sons entre lesquels il y a peu ou point de. différence, comme dans l'unisson. Or non seulement ce repos ou cette cadence est agréable à la fin, mais même dans le milieu d'une pièce ; la fuite de cette cadence est merveilleusement agréable, lorsqu'une partie semble se vouloir reposer, tandis que l'autre avance toujours et ne laisse pas de passer outre. Et cette sorte de figure dans la musique a du rapport à celles de rhétorique dont on use dans le discours, auxquelles on peut aussi comparer, les fugues, les échos, et autres semblables figures, qui se font lorsque deux parties chantent successivement et en différents temps la même chose, ou même tout le contraire ; ce qu'elles peuvent faire aussi en même temps, et même cette contrariété n'est pas quelquefois désagréable en certaines parties de musique : mais pour ce qui regarde ces contre-points ou autres figures dans lesquelles on observe un semblable artifice depuis le commencement jusqu'à la fin, ils n'appartiennent pas autrement à la musique que les acrostiches ou vers rétrogrades, et autres semblables jeux de l'esprit font à la poésie, qui, comme notre musique, a été inventée pour nous récréer l'esprit et exciter en l'âme diverses passions.

DES MODES.

Ce traité est fort célèbre parmi les praticiens, et chacun sait assez ce que c'est que des modes, ainsi il serait inutile d'en vouloir ici parler à fond. Remarquez seulement qu'ils viennent de ce que l'octave n'est pas divisée en degrés égaux, car tantôt le ton et tantôt le demi-ton s'y rencontre ; de plus, ils viennent aussi de la quinte, à cause qu'elle est très agréable et que toutes les pièces semblent n'être faites que pour elle : car l'octave ne peut être divisée en degrés qu'en sept modes ou manières différentes, dont chacun peut encore être divisé en deux diverses manières par la quinte, hormis deux, en chacun desquels la fausse quinte se rencontre une fois au lieu de la quinte ; d'où sont venus douze modes seulement, entre lesquels même il y en a quatre qui sont peu agréables, d'autant qu'il se rencontre un triton dans leurs quintes ; en sorte qu'ils ne peuvent monter ou descendre par degrés de la principale quinte, pour qui toute la pièce semble être composée, qu'il n'y ait nécessairement une fausse relation du triton ou de la fausse quinte.

Il y a trois termes principaux en chaque mode, par lesquels il faut commencer, et principalement finir, comme chacun sait. On les appelle modes, tant parcequ'ils empêchent que la chanson ne passe les bornes prescrites à chaque partie, que principalement aussi parcequ'ils peuvent beaucoup aider et servir à composer différents airs qui nous touchent diversement selon la diversité de leurs modes. Les musiciens qui n'ont que la pratique et l'expérience traitent de cela assez amplement, et l'on en peut ici trouver aisément les raisons ; car il est constant qu'il y a certains modes où, dans les plus considérables lieux et dans ceux qui le sont moins, se rencontrent souvent des ditons et des tierces mineures, d'où, comme nous avons montré ci-devant, naît presque toute la variété de la musique.

On pourroit dire la même chose touchant les degrés mêmes ; car le ton majeur en est le premier qui approche beaucoup des accords, et qui s'engendre par lui-même de la division du diton, au lieu que les autres ne s'engendrent que par accidents. De ces observations et autres semblables on pourroit inférer plusieurs choses touchant la nature des degrés, mais cela seroit trop long. Ensuite de quoi je devrois aussi traiter en particulier de chacune des passions que la musique est capable d'exciter en l'âme ; et si cela était, je montrerais quels sont les degrés, les consonances, les temps, les figures, et choses semblables, qui les peuvent exciter en nous ; mais ce serait aller au-delà du dessein que je me suis proposé de ne faire ici qu'un abrégé.

J'aperçois terre enfin, et je me hâte pour gagner le rivage ; j'avoue que j'ai omis ici plusieurs choses par le désir que j'ai eu d'être court ; que le défaut de mémoire m'en a aussi fait omettre plusieurs, mais que j'en ai omis bien davantage par ignorance. Je veux bien néanmoins que cet avorton de mon esprit, semblable, par le peu de politesse qu'il a, aux petits ourseaux qui ne font que de naître, vous aille trouver pour être un témoignage de notre familiarité et un gage certain de l'affection particulière que j'ai pour vous ; mais à condition, s'il vous plaît, que, l'ayant enseveli parmi vos pancartes dans un coin de votre cabinet, il ne souffre jamais la censure et le jugement d'autres que de vous : car il serait à craindre que ces personnes n'eussent pas, comme vous, assez de bienveillance pour moi, que de vouloir bien détourner leurs yeux de dessus ce tronc informe, pour les porter sur des pièces plus achevées, et où je pense, sans flatterie, avoir donné quelques marques et témoignages de mon esprit ; et elles ne sauraient pas que cet ouvrage a été composé à la hâte pour plaire à vous seul, y ayant travaillé dans un temps où je ne pensois à rien moins qu'à écrire de cette matière, et où je menois une vie fainéante et peu retirée, à laquelle l'ignorance et la conversation des gens de guerre semblait me convier.

FIN DU TOME CINQUIÈME.